Друзі

СЕРІЯ ЧИТАНОК ДЛЯ РОЗВИТКУ УКРАЇНСЬКОЇ МОВИ:

Друзі

Xenia C. Turko
Curricular Assistant
Alberta Education

Maria Prokopiw, Elwira Slavutych, Josephine Stefaniuk

Yar Slavutych
Ukrainian Language Consultant

Illustrated by
Hank Zyp

PUBLISHED BY ALBERTA EDUCATION, EDMONTON
©Her Majesty the Queen in right of the
Province of Alberta, Department of Education
1975

ЗМІСТ

Муркó

Тара́се! Тара́се!
Диви́сь!
Диви́сь, куди́ біжи́ть Сірко́!
Тара́се, йди сюди́.
Шви́дко, Тара́се, шви́дко!
Диви́сь, куди́ біжи́ть Сірко́.
Диви́сь! Сірко́ біжи́ть туди́.
Що там Сірко́ хо́че?

Му́рку! Му́рку!
Біжи́ сюди́, шви́дко! Шви́дко!
Шви́дко, сюди́, шви́дко!
Му́рку! Не туди́!
Сюди́, сюди́!

Сі́рку, а ти куди́?
Так не мо́жна.
Іди́, Сі́рку, туди́.
Туди́, йди, туди́!
Сюди́, Му́рку, сюди́!
Іди́ сюди́!
Іди́ сюди́!

Рома́н та Оле́нка

Я Тара́с.
А ти?

Я Рома́н.
А це Мурко́.
Я живу́ там.
А ти де?

Я живу́ тут.
Хто вона́?
Чи вона́ живе́ там, де ти?

Це Оле́нка.
Вона́ живе́ там, де я.
Оле́нко, це Тара́с.
Він живе́ тут.

Це Ле́ся.
Вона́ живе́ там, де я.
А це Рома́н та Оле́нка.
Це Мурко́.
А там біжи́ть Сірко́.
Сірко́ біжи́ть сюди́.
Сірко́ біжи́ть шви́дко.

Му́рку! Му́рку!
Ти куди́?
Я вже тут.
Сірко́ не біжи́ть туди́.
Уже́ час ї́сти.
Тара́се, Ле́сю, сюди́!
Прошу́ сюди́.
Туди́ не мо́жна йти.
А ти, Сі́рку, сядь тут.

Ко́ржики

Ма́мо, це Ле́ся й Тара́с.
Тара́с і я — дру́зі.
Оле́нко! Оле́нко!
Диви́сь, ко́ржики!
Ма́ма пече́ ко́ржики.
Ма́мо, я хо́чу і́сти.
Оле́нка хо́че і́сти.

До́бре, ді́ти. До́бре, Рома́не.
Тут ко́ржики.
Там молоко́.
Уже́ мо́жна і́сти.
Прошу́ сіда́ти. Прошу́ і́сти.

Диви́сь, Ле́сю, диви́сь!
Мурко́ хо́че ї́сти.
Не мо́жна, Му́рку, не мо́жна.
Іди́ туди́.
Там молоко́.
Тре́ба пи́ти молоко́.
Іди́, пий молоко́!
Я п'ю молоко́.
Ле́ся п'є молоко́.
Тре́ба пи́ти молоко́.

Лéсю! Тарáсе!
Прошý пи́ти молокó.
Прошý ї́сти кóржики.
Олéнко, пий молокó!
Ромáн п'є молокó.
Муркó п'є молокó.

Я п'ю молокó.
Муркó не п'є.
Диви́сь, Муркó не п'є.
Він ужé спить.

Гра

Ромáне, лови́ м'яч!
Ні, Олéнко, ні.
Диви́сь, Ромáне!
М'яч ужé лети́ть.
Не лови́, Олéнко! Не лови́!

Лови́ м'яч, Олéнко!
Лови́! Лови́!
Сіркó біжи́ть!
Сіркó хóче лови́ти м'яч.

Оле́нко! Оле́нко!
Не біжи́! Не біжи́!
Дай м'яч!
Дай мені́ м'яч!
Петро́ іде.
Там іде Петро́.
Оле́нко! Оле́нко!
Диви́сь! Диви́сь!
Там Петро́.

Ма́мо! Ма́мо!
Тут Ле́ся й Тара́с.
А хто це? Хло́пець.
А це ді́вчина.
Хло́пець і ді́вчина.

Ма́мо, це Оле́нка.
Вона́ живе́ он там.
А це Рома́н.
Він живе́ там тако́ж.

Забавкі

О, літа́к! Диви́сь! Літа́к.
Літа́к лети́ть.
Літа́к гуде́!
Гу-у . . . Гу-у . . . Гу-у . . .

Дай мені́ літа́к.
Я хо́чу літа́к!
Рома́не, дай мені́ літа́к.

Пе́тре, тут літа́к.
На! На, тобі літа́к.
Літа́к лети́ть.
Літа́к гуде́.
Літа́к лети́ть шви́дко.

Ні! Ні!
Я не хо́чу... Я хо́чу а́вто.
Дай мені́ а́вто!
На, тобі́ це!
А мені́ дай а́вто.

Оле́нко! Це Ля́ля.
Диви́сь, Ля́ля вже не спить.
Ля́ля пла́че. На, тобі́!
Ля́ля хо́че їсти.

Чи Ля́ля п'є молоко́?
Тут молоко́. Не плач!
Чи Ля́ля їсть ко́ржики?
Тут ко́ржики.
Я п'ю молоко́.
Я їм ко́ржики.

Крамни́ця

Та́ту! Ма́мо!
Я хо́чу йти.
Рома́н хо́че йти тако́ж.
Чи мо́жна, ма́мо?

Так, мо́жна, ді́ти.
Тре́ба купи́ти молока́.
Тре́ба купи́ти хлі́ба й ма́сла.

Тату! Дивись! Морозиво.
Я хочу це морозиво.
А Оленка хоче те морозиво.

Добре, Романе!
Прошу дати морозива.
Оленка хоче те морозиво.
А Роман хоче це морозиво.
Мені прошу дати молока,
хліба й масла.

Ма́мо, тут молоко́,
хліб і ма́сло.
Оле́нко! Диви́сь!
Мурко́ хо́че моро́зива.

Му́рку! Ні! Ні!
Не мо́жна! Не скачи́!
Я хо́чу це моро́зиво.
Я хо́чу ї́сти це моро́зиво.

У ба́би

Добри́день, ба́бо!
Я вже тут.
Ма́ма й Рома́н тут тако́ж.
Що ро́бить ба́ба?
О! Ба́ба пече́ хліб.

Добри́день, Рома́не!
Добри́день, Оле́нко!
Добри́день, ді́ти!
Ба́ба пече́ хліб.

Ба́ба пече́ хліб?
До́бре! До́бре!
Я хо́чу хлі́ба.
Я хо́чу хлі́ба й молока́.
Чи мо́жна, ба́бо?

Так, Рома́не.
Тут хліб і ко́ржики.
Там ма́сло й молоко́.
Прошу́ сіда́ти.
Уже́ мо́жна ї́сти.

Я їм хліб.
Я п'ю молоко́.
Рома́н їсть хліб і ма́сло.
Він п'є молоко́ тако́ж.
Чи ма́ма хо́че їсти?
Чи ба́ба хо́че їсти?

Ні. Дя́кую, я не хо́чу їсти.
Прошу́ сіда́ти.
Я хо́чу пи́ти молоко́.
Ба́ба хо́че молока́.

Додо́му

Уже́ час додо́му.
Час ї́хати додо́му.
Та́то вже ї́де.
Оле́нко! Рома́не!
Час ї́хати додо́му.

А́вто гуде́.
Та́то вже тут.
Шви́дко! Шви́дко!
Ма́ма хо́че ї́хати додо́му.
А Оле́нка не хо́че ї́хати.
І Рома́н не хо́че ї́хати додо́му.

Олéнко! Тáто хóче їхати.
Час їхати додóму.
Мáмо! Тáто хóче їхати.

Тúхо, Ромáне!
Мáма вже йде.
Прошý сідáти.
Ужé час їхати додóму.
До побáчення!

До побáчення!

Дощ

Дивись, Петре! Хата
Тут живе Сірко.
Тут спить Сірко.
Тут тепло.
Тут тепло спати.

Сірка тут немає.
Де Сірко?
Дивись! Сірка тут немає.
Він тут не спить.

Дощ! Дощ! Дощ іде́.
Оле́нко, дощ іде́!
Тут Ля́ля.
Тут забавки́.
Оле́нко, поможи́ мені́.
Тара́се, поможи́ мені́.

Шви́дко! Шви́дко!
Дощ іде́. Дай мені́ забавки́.
Дай сюди́! Сюди́, на візо́к.
Ля́ля мо́же тако́ж ї́хати.
Рома́не, поможи́!

До ха́ти! До ха́ти!
Біжи́, Ле́сю, до ха́ти!
Біжи́, Оле́нко, до ха́ти!
Сюди́, Пе́тре, сюди́!
Біжи́ шви́дко до ха́ти.
Дощ іде́.

Біжи́! Біжи́, Оле́нко!
Біжи́ шви́дко до ха́ти.
Ще дощ іде́.
Біжи́ до ха́ти.

Іди́ сюди́.
Там іде́ дощ.
Тут те́пло.
Дощ не йде.
Іди́ до ха́ти.
До́бре, до́бре, Пе́тре!
Поможи́ мені́.

Надвóрі

Дивись, Оленко, дивись!
Там веселка.
Дощ уже не йде.
Я хочу йти надвір.
А ти?

Я також.
Дивись! Сірко надворі.
Надворі тепло.
Я хочу йти надвір.
Я хочу йти також.

Там весе́лка!
Диви́сь, там весе́лка.
Там Тара́с.
Він — літа́к.

Я — літа́к.
Літа́к гуде́ гу-у-у . . .
гу-у-у . . . гу-у-у . . .
І там літа́к.
Він лети́ть шви́дко.
Він гуде́ тако́ж.
Гу-у . . . гу-у . . . гу-у . . .

О, Сірку! Так не мóжна!
Літáк ужé не гудé.
Літáк ужé не летúть.
Олéнко, поможú!

Сірку, йди сюдú.
Ідú, сядь тут!
А ти, Тарáсе, йди до хáти.
Ромáне, поможú.

У ха́ті

Дивись, там дівчина.
Вона́ ма́є забавки́!
Чи вона́ йде додо́му?
А там ха́та!
У ха́ті дід і ба́ба.
Ле́сю, чи ді́вчина живе́ там тако́ж?

Так. Диви́сь, а тут хло́пець.
Він має візо́к.
Там забавки́.
Там літа́к і м'яч.
Хло́пець іде́ додо́му.
Він живе́ в ха́ті тако́ж.
Він живе́ там, де ді́вчина.

Оле́нко, прошу́ сіда́ти.
Прошу́ ї́сти й пи́ти.
Тут молоко́ й ко́ржики.
Прошу́ ї́сти ко́ржики.
Прошу́ пи́ти молоко́.

Дя́кую, Ле́сю!
Я ї́м ко́ржики.
Я п'ю молоко́.
А Ля́ля не п'є.
Ля́ля хо́че пи́ти тако́ж.
Вона́ хо́че молока́.

48

Оле́нко, там іде а́вто.
О, це та́то.
Він іде додо́му.
Тре́ба йти додо́му.
Та́то вже йде до ха́ти.
Я йду додо́му.

До́бре, Рома́не!
Я йду тако́ж.
Дя́кую за ко́ржики.
Дя́кую за молоко́.
До поба́чення!

Жа́ба

Диви́сь, Ле́сю, Мурко́ ска́че.
Що має Мурко́?
Що він там ро́бить?
Біжи́ шви́дко, Ле́сю!
Диви́сь, що має Мурко́!

Диви́сь! Диви́сь!
Жа́ба ска́че.
Мурко́ хо́че лови́ти.
Не лови́, Му́рку!
Не лови́!
Не мо́жна лови́ти!

Рома́не! Рома́не!
Іди́ сюди́.
Тут жа́ба.
Жа́ба ска́че.
А Мурко́ хо́че лови́ти.

Жа́ба ска́че сюди́.
Жа́ба ска́че туди́.
Тара́се, поможи́!
Поможи́ мені́ лови́ти.
Жа́ба ска́че шви́дко.
Лови́! Лови́!

Мáмо! Мáмо!
Дивúсь, що має Тарáс!
Біжú, Тарáсе!
Біжú, Тарáсе, до хáти!

Тúхо, діти, тúхо!
Тарáсе, не мóжна так ловúти!
Жáба не хóче до хáти.
Вонá живé надвóрі.

53

Ри́ба

Дивись, Оленко!
Хто там іде?
Чи це баба?
Так, баба йде!
Баба йде!
Мамо! Мамо!
Баба йде!

О, баба! Баба!
Баба йде сюди.
Вона йде сюди.
А де мама?
Баба вже тут.

Добри́день, Оле́нко!
Добри́день, Рома́не!
На, Оле́нко, це тобі́.
А це тобі́, Рома́не.

Дя́кую, ба́бо, дя́кую.
Прошу́ сіда́ти.
Ма́ма вже йде.
Прошу́ сіда́ти.

На тобі їсти

Іди сюди́, Му́рку!
Диви́сь, це ри́ба.
А тут вода́.
Ри́ба живе́ тут.
Ри́ба їсть тут.
А ти, Му́рку, диви́сь.
Не лови́!

Ри́ба ска́че.
Ри́ба хо́че їсти.
На, тобі́ їсти.

Му́рку, не мо́жна.
Там вода́.
Ри́ба їсть.
Диви́сь, не лови́!

Диви́сь, Рома́не!
Ри́ба ска́че!
Вона́ ска́че шви́дко.
Му́рку, не лови́!
Му́рку, не мо́жна лови́ти!

Де Сірко́ й Мурко́?

Лесю, де Сіркó?
Чи Сіркó надвóрі?
Де він?
Мóже в хáті?

Ні, Сіркá немáє в хáті.
Надвóрі тéпло.
Мóже Сіркó спить.
А мóже він там, де Ромáн.

Тара́се! Тара́се!
Мурка́ нема́є.
Мо́же він тут?
Чи мо́же він у ха́ті?

Ні, Рома́не.
Мурка́ тут нема́є.
І Сірка́ нема́є.
Де Сірко́?
Де Мурко́?

Мурко́ тут.
Сірко́ тут.
Мурко́ й Сірко́ — дру́зі.
Мурко́ спить!
Сірко́ спить!
І Петро́ хо́че спа́т

Му́рку! Му́рку! Ти тут.
Сірко́ тут тако́ж.
Надво́рі те́пло спа́ти.
Тут те́пло спа́ти.

Дивись, Оленко!
Петро хоче спати.
Мурко хоче додому.
Час іти додому.
До побачення!

А Сірко не хоче спати.
Він біжить до хати.
До побачення,
Оленко й Романе!

СЛОВО ДО ВЧИТЕЛІВ

„Друзі" — друга книжка в серії читанок для розвитку української мови, охоплює 145 слів включно з похідними, напр., мама, мамо — рахуємо як два слова. Слова, в яких збережено правила милозвучності, рахуємо як два слова: іде — йде, уже — вже.

З цих 145 слів 87 нових, а 58 повторюємо з першої книжки "Тут і там"

СЛОВА

5. Мурко
6. Тарасе
   куди
   йди
7. Мурку
8. ти

9. Роман
   та
   Оленка
10. Я
    живу
11. вона
    чи
    живе
    Оленко
    він
12. - - - - -

13. вже
    уже
    Лесю
    йти
14. коржики

15. й
    друзі
    пече
    хочу
    добре
    Романе
    молоко
    сідати
16. треба
    пити
    пий
    п'ю
    п'є
17. - - - - -

18. гра
19. летить
    ловити
20. мені
21. хлопець
    дівчина
    он

    також

22. забавки
23. літак
    гуде
    гу-у-у
24. Петре
    на
    тобі
25. Ляля
    їсть
    їм

26. крамниця
27. так
    купити
    молока
    хліба
    масла
28. морозиво
    те
    дати
    морозива
29. - - - - - -

30. у
    баби

31. добридень бабо робить	40. до хати ще	51. скаче 52. - - - - - 53. - - - - -
32. - - - - -	41. - - - - -	
33. дякую		54. риба
	42. надворі	55. - - - - -
34. лодому	43. веселка надвір	56. - - - - -
35. їхати		57. вода
36. йде до побачення	44. - - - - - 45. - - - - -	58. - - - - -
		59. - - - - - -
37. дощ	46. хаті	60. - - - - -
38. хата тепло Сірка немає	47. в 48. - - - - - 49. йду за	61. - - - - - 62. - - - - - 63. - - - - -
39. поможи може	50. - - - - -	

ВЖИВАНІ РАНІШЕ СЛОВА

Сірко	спить	Леся
Сірку	тато	Тарас
де	ні	і
тихо	о	Петро
тут	не	біжи
там	біжить	це
сядь	іде	м'яч
плаче	авто	має
мама	на	лови
плач	візок	хто
час	дід	іди
їсти	баба	спати
прошу	діти	спи
хліб	скачи	можна
масло	дивись	так
мамо	туди	іде
хоче	може	швидко
дай	нема	жаба
сюди	а	
тату	що	

СЛОВНИК

баби	— at grandmother's	летить	— flying
бабо	— grandmother (voc.)	літак	— airplane
в	— in, at	ловити	— to catch
веселка	— rainbow	Ляля	— Dolly (name)
він	— he	масла	— butter (Gen. part.)
вода	— water	мені	— (to) me
вона	— she	може	— maybe
вже	— already	молока	— milk (Gen. part.)
гра	— play	молоко	— milk
гу-у-у	— sound of airplane	морозива	— milk (Gen. part.)
гуде	— drones	морозиво	— ice-cream
дати	— to give	Мурко	— Murko
дівчина	— girl	Мурку	— Murko (Voc.)
до	— to	на	— here, take
добре	— good	надвір	— (go) outside
добридень	— good day	надворі	— outside
додому	— home	немає (нема)	— (he, she) is not
до побачення	— good-bye	Оленка	— Olenka
дощ	— rain	Оленко	— Olenka (Voc.)
друзі	— friends	он	— there
дякую	— thank you	Петре	— Peter (Voc.)
живе	— (he, she) lives	пече	— (he, she) bakes
живу	— (I) live	п'є	— (he, she) drinks
за	— for	пий	— drink
забавки	— toys	пити	— to drink
їм	— (I) am eating	поможи	— help
їсть	— (he, she) eats	п'ю	— (I) am drinking
їхати	— to ride	риба	— fish
й	— and	робить	— doing
йде	— (he, she) is going	Роман	— Roman
йди	— go	Романе	— Roman (Voc.)
йду	— (I) am going	сідати	— to sit
йти	— to go	Сірка	— Sirko (Gen.)
коржики	— cookies	скаче	— (he, she) is jumping
крамниця	— store	та	— and
куди	— where	також	— also
купити	— to buy	Тарасе	— Taras (Voc.)
Лесю	— Lesia (Voc.)	те	— that

тéпло	— warm	хáті	— house (Loc.)
ти	— you	хлíба	— bread (Gen. Part.)
тобí	— (for) you	хлóпець	— boy
трéба	— must	хóчу	— I want
у	— at, in	чи	— whether
ужé	— already	ще	— still
хáта	— house	я	— I
хáти	— house (Gen.)		

ACKNOWLEDGEMENTS

Grateful acknowledgement is made to the following for their assistance in developing "Друзі" the second book in the language development series for children learning Ukrainian:

— Teachers of the Ukrainian-English bilingual classes in the two Edmonton school systems for suggestions regarding the content of the book.

— Hryhorij Fil', Olga Fil', Helen Grekul, Nadia Stus for editorial assistance.

— The Department of Education of the Province of Alberta and the Department of the Secretary of State, through the Minister responsible for multiculturalism, for making funds available for a reading series which would compliment a language development program for children learning Ukrainian.

— The Ukrainian Canadian Professional and Business Federation which received the Federal contribution and coordinated the publication of this series.

Made in the USA
Middletown, DE
22 December 2020

29903568R00040